A TODOS LOS POEMAS QUE ALGÚN DÍA TE DEDIQUÉ

Nuria Timón

A todos los poemas que algún día te dediqué

Ondina Ediciones

Colección Verdemar

Diseño y maquetación: Jesús S. Giner

Ondina Ediciones

© de la obra: Nuria Timón
© de la edición: Enter Servicios Informáticos
(Soc. Coop. Mad.)

ISBN: 979-13-990531-1-1
Depósito legal: M-15439-2025

Impreso en España
Primera edición: julio de 2025

Índice

Nota de la autora

Me gustaría dedicar esta pequeña obra a varias perso-
nas. Entre ellas, a mí, por apostar entre la incertidumbre,
la pena y el miedo y haber sido capaz de reunir las fuerzas
para sacar públicamente esta retahíla de poemas.

Por otro lado, me gustaría agradecer a aquella persona
que hizo posible este proyecto, porque todos los versos, las
estrofas y los poemas llevan su nombre escrito en ellos. A
esa persona que tanto me dio, de la que tanto aprendí, de
la que tanto me enamoré y de la que, por inercia, tuve que
despedirme. En el fondo, creo que en todo poeta resi-
de cierta predilección hacia la escritura donde priman el
desamor y la incapacidad para entender todo aquello que
tiene que ver con sentir profundo, fuerte. Justo por ello,
creo que bien sean lugares, experiencias, sentimientos o
personas las que nos hagan revivir una realidad llena de
creatividad sobre la que escribir, merecen ser nombrados.
En mi caso, tú has sido la principal fuente de inspiración
sobre la que se han ido creando poco a poco todos los
poemas que dan lugar a esta historia; una que sin duda

me ha hecho descubrir de nuevo que en el amor no existen fronteras. Por ello, gracias.

Por otro lado, me gustaría agradecer a todas aquellas personas que tengan en sus manos un pedacito de mi corazón: si hemos acabado juntos, es porque la vida ha querido que nos reencontremos, no sé si para que lloremos, riamos o simplemente aprendamos a sentir sobre el papel; pero hoy, mañana y siempre, bienvenido.

Ojalá la vida os dé la oportunidad de vivir una experiencia como la que por suerte he vivido yo, porque te diré, querido lector, que si algo he aprendido de ella es, entre otras cosas, a ver mi realidad desde la perspectiva más pura que jamás hubiese pensado que vería.

Nos acompaño, a ti y a mí, a ser partícipes de esta memoria.

¿Te apuntas?

ACTO PRIMERO:
ERES

Fuimos, somos, hemos sido

Fuimos parte de algo
que no supo definirse con palabras
porque al igual que el aire
necesita que lo respiren
nuestros nombres
necesitaron estar en los labios correctos
para poder ser reales.

Somos como parte de la vida
efímera compañera que nos acogió
en la incertidumbre del no saber
si nuestros ojos serían capaz de encontrarse
en el momento correcto
y si nuestros te quieros
serían escritos
en unos versos inacabados.

Hemos sido el todo
dentro de lo que aparentaba no ser nada
y aún así me sobran las fuerzas
para descubrir y definirnos sobre el lienzo.
Porque he aprendido que el pincel

no se mancha solo
y los libros
no se escriben sin tinta.
Entonces, vente y píntame
manipúlame como quieras
con cariño y con cuidado.
Te doy el lujo de darnos un significado
de sentirnos parte
de un mundo
que sólo nos pertenece a nosotros.

¿Te apuntas?

El susurro del amor

No hace falta
que me preguntes con la palabra
si te quiero en silencio
o incluso cuando mis cuerdas vocales
resuenan tanto
como la vibración que se genera
cuando te pienso
sobre el lienzo del amor,
sólo porque tu forma de preguntarme
ya conoce mi forma de responderte
y porque la prosodia
que me acompaña al gesticularte
mientras te quiero
consigue silenciar
todo lo que presencia mi ser
del dolor.

Que no, que ya no hace falta
que me elogies con la palabra
o que me recites sobre la nada t
u forma de expresar
el cariño que me tienes.

Porque yo también te entiendo
incluso cuando no hablamos
o cuando el susurro es tan bajito
que nuestra voz se pierde
en derredor.

Así que si quieres
demuéstrame con gestos que estás
incluso cuando la distancia
nos separa el corazón.
Sólo así nos daremos cuenta
de que a veces el susurro nos define,
amor amor.

Te cedo mi puerta por si quieres abrirla

A veces me pregunto
cómo es posible que haya quitado la llave
de mi puerta, de mi casa
para que puedas entrar dentro
y me conozcas como la niña
que vive rodeada de 4 paredes
una libreta, su música y sus poemitas.
No siento vergüenza
cuando tus suelas
se quedan impregnadas
en mi suelo de madera
tan frágil y tan duro a la vez.

Ahora ya no sé por qué
pero quiero que entres sin llamar
que tu esencia se sienta en las habitaciones
y que las flores me las regales
sin envoltorios ni papel.
Sólo quiero que llegues
y me abraces la piel,
me quites las ganas de estar sola

que me digas que mientras estés
todo estará bien.

Te cedo un hueco en mi sofá
por si te apetece recostar tu cuerpo
y arroparte con mantas y peluches
que llevo conmigo desde que era pequeñita.
Que veas mi cocina
y la lista de la compra colgada en mi nevera
donde apenas tengo puestas unas cuatro cosas
porque con poquito me basta
y si tardo mucho en consumir la comida
se me olvida, no se gasta.

Dejo que te mires en los espejos
que habitan el pasillo
y los recorras a tu gusto
por si te apetece observar
el reflejo de una persona pura
desvistiendo su cuerpo y su alma
en brazos de unos ojos sinceros
que no paran de observar
cómo los mofletes se te tiñen de rosa
y una pequeña sonrisa amanece
de tu boca, sin forzar.

Te ofrezco toda la libertad
que en la cotidianeidad de mi jardín habita
para que te tumbes y cierres los ojos
por si alguna vez te aterra la idea
de ver un cielo sin nubes
o de no saber imaginar.
Sólo quiero que me visites de nuevo
y no te vayas sin leer la carta
que te dejé encima del sofá.
No sin llevarte en tu mochila
esa última frase que hasta ahora no supe pronunciar:
"Solo quédate un ratito más"

Hay que saber quedarse (inspirado en el poema de Miguel Gane)

Hay que saber quedarse
donde el corazón no duela.
Donde los ojos no me sangren
al mirarte.
Donde el amor sea capaz de cogerme
por la cintura cálidamente.
Donde los te quiero
se puedan decir
sin sentirse obligados
a salir de nuestra boca.

Hay que saber quedarse
cuando los viajes imaginarios
vengan escritos sobre el lienzo
de nuestra historia.
Cuando se sienta
que las hojas de otoño
formen parte de la primavera
y cuando el calor ardiente de verano
nos arrope juntos durante el invierno.

Hay que saber quedarse
para ser la cicatriz
que cure la herida del alma.
Para reír a carcajadas
las experiencias de la vida.
Para soñar despierto
entre tu almohada y la mía
con el roce de unos besos
en labios dormidos.

Hay que saber quedarse
cuando se nos escape el tiempo
de las manos.
Cuando los minutos de mi reloj
desaparezcan de la realidad
porque mi corazón pide a gritos
toda una vida a tu lado.

Así que hoy, mañana y siempre, me quedo.

Como dueles, me duelo

Por qué la vida ahora
me ha devuelto las lágrimas
me ha dejado las pesadillas
al borde de la cama
y se marcha sigilosamente
para que no me dé cuenta
de que te voy a recordar hoy y mañana.

Ahora no entiendo por qué
la vida me ha devuelto el pensamiento
los recuerdos y los momentos
que vivimos en el pasado.
Por qué es la que me incentiva
a pensar en todos y cada uno
de nuestros besos
de nuestros "te quieros"
de nuestros "te amo".

Por qué la vida ahora
se acuesta a mi lado
y me arropan las pesadillas
en pleno silencio.

Por qué si tanto me hizo sufrir
ahora me quiebra con el tema
tanto por dentro
y yo que pensé que lo tenía superado
ahora ni me entiendo
no comprendo
por qué después de tanto tiempo
vuelve a mi puerta
a decirme que me equivoqué de momento
que debería haberme dado
una segunda oportunidad
que debería haberme asegurado una vez más
antes de joderlo.
Yo, que pensaba que hacía lo correcto
y que me aferré a esa idea
por mucho tiempo.
Ahora no puedo sacarme el sentimiento
de culpa que me hiere
y me deja cicatrices en las heridas
que mi corazón me hace
cada vez que nos pienso.

Pero por qué, querida vida
por qué me haces llorar tanto
si fuiste tú la primera
que decidiste arrancarme de su lado

restregarme contra el suelo
y después de pisotear mi corazón
me dejaste sola contra la fiereza del viento
y unas pocas ganas de respirar
antes de destruir todo lo que vivimos
lo que fuimos, lo que podríamos haber sido
si no hubieses querido
que me rindiese en el intento.

De dónde saco yo fuerzas ahora
para seguir viviendo.
De dónde saco yo fuerzas ahora
para mirarme el resto de los días
en el espejo...

Aceleras

El corazón cuando late a mil
se siente como miles de explosiones
en un pequeño cuerpo
que incapaz de retenerlas
comprende que tiene que dejarlas salir,
aunque eso suponga
llenar de sangre las manos
y de amor el alma.
Se siente como pedir
al tren de tu vida que pare
sabiendo que lo único que sabe hacer
es avanzar por inercia
sin miedo a desvanecer en el intento
de querer huir lejos
y chocar a 100 kilómetros por hora
contra el muro que existe
entre nuestros cuerpos.
Como cuando te tumbas en la hierba
y ves las nubes moverse
en lo alto del cielo
por horas y horas
mientras a ti te retiene el tiempo

en un plano fijo del lienzo
donde no existe el pensamiento
donde el poder de imaginar
se quedó en mi mente dormido.
A veces sentirte tan cerca
hace que mi ansiedad
se vea entre pétalos y flores
algunas inertes y otras tan vivas
sobre jarrones que ya no saben cómo sostenerse
por miedo a caer
sobre el cristal de una mesa
que no para de quebrarse poco a poco
a consecuencia de un peso
que no le pertenece.
Es como cerrar los ojos
y abrazar a la nada
rodeada de cálidas manos
de rojos besos
de rosados mofletes
y aún así sentir que no logro entender
la finalidad del cuadro
por qué el pincel se ha caído
sobre el charco de agua
que mancha cada trozo de tela
destrozando lo poco que queda del lienzo.
Es sentir que vivo

pero mi corazón me grita desde dentro
"yo no existo".
Ahora ya no sé cómo pretendes quererme
si aún me quiebro por dentro.
¿Estás dispuesto a salvarme de nuevo?

Entrelazar(nos)

Ojalá ser la curiosidad
de todos esos labios
que te llaman al besarlos.
Ojalá poder decir
que mis esquemas se alborotan
cuando tú me miras
con esos ojos apelmazados
y el mundo
sobre la palma de la mano.
Cuando me dices te quiero
cuando las calles
silencian cualquier llanto
en una noche triste
y un calor inmenso
en verano.
Quiero que me exijas
quedarme a tu lado
y que las risas ajenas
tengan envidia
de cómo conectamos
nos reímos
disfrutamos.

Quiero que me desnudes
sobre el lienzo en blanco
que hagamos el amor
hasta morirnos de deseo
entre el aliento entrecortado
de unas manos sutiles
decorando el rastro
que dejan sobre la piel
suave y linda
de tu cuadro terminado.
No me mires de nuevo
si piensas
que en la vida sueño volando
con el corazón conectado
de un precipicio colgando
a sabiendas de que cayendo
estarán al fondo tus manos
para recogerlo cuando muera
o cuando decida
no revivir de nuevo
por miedo a que sea rechazado.
Ojalá mis sueños
te sigan llamando
y las plicas
de mis negras en la partitura
sigan marcando

el ritmo de nuestros días
mientras cantamos
sobre el fragmento inacabado
de una melodía a medias
que quiere terminar en calderón
para que tú seas el punto
y yo el arco
para que nunca
terminemos de escribir
con significado
cómo suena el alma
cuando nos entrelazamos.

Discos de vinilo

Me he quedado aturdida
mientras sostenía el filo
de tu disco de vinilo
antes de posarlo sobre el tocadiscos
y dejar que las balas musicales
me atravesaran el miocardio
de lado a lado
cual estrella fugaz
incapaz de detenerse
frente a la inercia
o el ruido nocturno
cuando desaparece
de cara al conticinio.
Qué le hago
si me quedé atrapada
entre la fina línea
de lo irreal y lo desconocido
entre el acorde disonante,
la melodía y su sonido.
Cómo pretendo descubrir
algo de sentido
entre este garabato

de letras sin sentido
entre estos muebles apelmazados
sobre el carruaje de mis instintos
mientras te escucho
con la ventana abierta,
unas pocas bocanadas de aire
y las manos heladas
por el frío.
Que no logro saber
si existes tú
o soy yo la que desiste
y se desvanece
por el precipicio
que marca el inicio de la obra
o el final del laberinto
con frecuencias incoherentes
y escalofríos
que llevan como título
un "nosotros"
en la portada del disco.
Qué rara la vida
que me hace querer retumbar
el pantano interno
del oído
a pesar de que se destruyan
las paredes de tejido

y las rudas saliencias
del ruido.

Desvísteme sobre el círculo
que me tumbo desnuda
sobre el mismo
y dejo que tu suavidad
recree una nueva melodía
al gusto.

Abrázame
por si el jarrón de vidrio
se rompe en el intento
o se determina
el inédito suicidio
del pentagrama en blanco
o del policloruro de vinilo.

No dejes que me muera
con la guitarra en mano
y resuena conmigo.

ACTO SEGUNDO:
SOY

Me he perdido queriendo encontrarte

Por qué intento aferrarme tanto a la idea
de que algún día lograré encontrar
mi sitio, mi lugar, mi forma de ser
en un mundo que no para de despojarme
de su mesa cuando llego a la cena
y me deja al borde del sollozo
por pedir un poquito de pan para comer.
Por qué ahora cada vez que intento
mirarme en un espejo
me veo cada vez más rota por dentro
y con una piel aparentemente perfecta por fuera.
Por qué después de tanto tiempo
no entiendo aún la necesidad de llorar
de quererlo todo sin apenas poder salir
de estas 4 paredes para encontrarte
en el sitio más escondido, por ahí fuera.
Por qué siento que se me gastan
tan rápido y tan lento a la vez las fuerzas
de vivir bajo un techo que me acoge
sin la necesidad de querer estar ahí metida
donde el mundo nos dé un pequeño hueco
entre mi jardín y la alambrada

de mi tejado transparente
porque se le han caído todas las tejas.

Por qué ahora siento que estoy tan perdida
intentando averiguar el motivo de tu huida
y el porqué de tu ausencia.
Dime que no te vas a ir así en silencio
sin dejar marca alguna de tus pasos en el camino
que no te apartarás de mí tan a lo lejos
para que yo no te vea.

Mis ojos echan de menos
el mar azul de tu mirada
donde poder posar cada uno de mis problemas
y ver cómo se hunden delante nuestra.
Mis lágrimas no paran de brotar
y ya los pájaros de mi mundo sin alas
se resisten a volar a la fuerza.
El azul del cielo se ha perdido
entre los grises de la niebla.
Por qué si yo te lo di todo
ahora me he quedado sin nada
sin la oportunidad de volver a verte
cuando mi corazón te llame
y mi puerta se quede abierta
por si alguna vez te da por volver

antes de que en mi libreta
se encuentren muertos mis versos
y en mi cara ya no exista la sonrisa
que llevaba el nombre de tu silueta.

Sólo deseo que me vuelvas a buscar
y que me encuentres
esté como esté, sea como sea,
para poder dedicarnos un último te quiero
antes de que sea demasiado tarde
para volver a llevarnos en la misma barca
antes de que de tu mirada salgan huracanes
y las palmas de mi mano me duelan
por querer retener algo
que debí haber sabido desde el principio
que tenía que perderse
para no volver a encontrarse nunca
por mucho que mis voces internas quisieran.

Y después vete, vete y no vuelvas.

Hubo fuego, me convierto en cenizas

Donde hubo fuego
cenizas quedan.
Donde la vida
no me duela.
Donde el aire sople
y mueva la tela de tu vela,
Donde las letras de tu nombre
te lleven cerca.
Donde la luz del sol
esconda la de la luna
bajo mis venas.
Donde la llama del mechero
no se quema.
Donde pudimos ser de lejos
pero quisimos ser de cerca.
Donde mi nariz respire tu aliento
y tu respiración
no se sienta a la fuerza.
Donde la casa se vuelva hogar
y el silencio no remueva.
Donde el silencio pida a gritos
paz y poca guerra.

Donde mis ojos se fijen
y donde tus labios besan.
Donde estemos tú y yo
porque lo demás no cuenta.
Donde volvamos a ser llama
donde volvamos a ser cera
y no dejemos de encendernos
cada día, cada noche,
entre mecheros sin presión
y folios sin poemas.
Devolvamos el calor
a donde hace frío
donde los te quiero
ya nunca más duelan.

¿Quién soy?

Quién soy ahora
después de no reconocer
la cara de una loca enamorada
a la que no le basta con sonreír
de la noche a la mañana
sino también desea salir
y gritarle al viento
hasta que se acabe toda la voz
que habita en su garganta
para decirle al mundo
por si me escucha
que no quiero que te vayas
y que si vienes
sea para quedarte por siempre
hasta que la oscuridad se esconda
y la arrope la lejanía
entre los brazos de las montañas.

Dime quién soy ahora
si quiero divagar
por cada una de tus curvas
sin necesidad de utilizar el freno

para dejarnos fluir
siendo partícipes de mi película favorita
a ojos de una luna
que nos vislumbra sobre la ventana.
Por qué ahora deseo que tus manos
recorran cada una de mis venas
hasta que la piel me desvistas
y me dejes cálida
y a la vez helada,
tan suavemente como las hojas
que caen al montón del suelo
en las tardes de otoño
mecidas por la brisa
que nos besa las miradas.
Quién he sido y quién soy ahora
por haberme quedado leyendo
todos tus mensajes de madrugada
y por haberle rogado al tiempo
que cesase por momentos
para que la distancia se hiciese más corta
y el espacio no existiese
al borde de mi cama.
Cuántas veces
le he pedido a mis sueños
reencontrarme contigo
a pesar de no poder tocarte

en el presente
a pesar de saber
que las ganas tendría que aguantarlas
a pesar de saber
que llorando no curaba nada.
Por qué duele tanto saber
que te echo de menos
y ni siquiera me siento capaz
cuando te tengo en frente
de decírtelo a la cara
por miedo a que te canses de mí
o que me quiebre el alma
saber que no es recíproco
o que tú estás bien
sin necesitar de mí nada.
Dime ahora mi vida
quién soy yo ahora
si mi corazón ha decidido
no parar de pensar en ti
en el brillo de tus ojos
cada vez que hablas
y mi mente después de tanto tiempo
me comenta cuando paseo sola por los parques
que ella también está preparada.

Sobre los pétalos de la vida

Tantas veces diré
que las amapolas
son mis flores favoritas.
Que los tulipanes de colores
son los que me recuerdan
que aún hay vida en la naturaleza
y que en el fondo
las personas somos pequeñas hojitas
lindos pétalos queriendo que los quieran.

Por excelencia las margaritas
son las que gustan a todo el mundo
pero lo cierto es que ellas
también tienen a otras amigas
igual de bonitas, igual de suaves,
igual de lindas.

Que también quieren ser prensadas
sobre el papel de un libro
o entre láminas de papel plastificado
para que las podamos conservar con nosotros
toda la vida.

¿Acaso no es digno de regalar
una mañana cualquiera
un gran ramo de flores
a la persona a la que quieres
por la que revives incluso estando ahogada
en tierra y agua sobrepasando
los límites de la maceta
que ya no sabe cómo sostenerse
por lo grande que eres
y lo digna que te ves
habiendo crecido en las manos correctas?
Sólo te pido que me cuides y me quieras
tanto como lo haría yo con tus flores favoritas.

Cobijo para la intimidad

Estoy viendo el cigarro
morir en el cenicero
que le susurra a mis pulmones
que deje que abrazar a la oscuridad.
Veo a través de la ventana
los pájaros revolotear
y oigo en cada latido
el tictac del reloj
posado sobre la estantería
encima de unos libros polvorientos
que me llaman a lo lejos
para escabullirme entre sus páginas
y cerrarme las puertas
de par en par.
A veces me pregunto
si el mundo es tan cruel
cómo puedo yo sobrevivir;
y en el fondo me doy cuenta
de que mis heridas cicatrizan
no porque esté inmensa
entre estas 4 paredes
sino porque te tengo a ti.

Solo de vez en cuando
el lápiz retoma el trazo
y la imaginación cobra sentido
o yo como poeta
aprendo a ser feliz;
sin embargo,
me cuesta creer
que la vida
me tenga algo preparado
y lo haya plantado
justo delante de mí
para que no me falten las ganas
y me sobren
las pocas veces
que decido vivir.
Vivir ausente
en un mundo
que definitivamente
no está hecho a mi medida
porque no puedo
vestirme con sus prendas
ni desfilar por las calles
con la mochila cargada
de mis miedos e inseguridades
que me obligan
a desnudarme

frente al perfil del día
y la faz de la noche
sin sentimiento de pertenencia
sobre un cuerpo inerte
enterrado entre las flores
que me recuerdan
aquellas palabras que dijiste
"la vida reside
donde quieras verla
incluso cuando ella
no se sienta parte de tu panorámica
o se olvide de ti"
En el fondo, sólo pensé
si mi intimidad sois tú y Madrid
con eso, una buena copa de vino
y un poquito de sentimiento
soy feliz.

Recuérdame

Recuérdame,
como aquel que permanece
incluso cuando la memoria
está a punto de destruirse
por querer almacenar tantos recuerdos
quebrados desde el primer día.

No pretendo rellenar
los espacios en blanco
con sonrisas forzadas,
más bien con lágrimas secas
que se extinguen con la tinta.

Por qué nos enseñan
a tapar las heridas
en vez de curarlas con besos
o con pequeñas tiritas.
Por qué después de haber querido volver
se me erizan las alas
y me pica la piel
a causa de los pinchos y tus espinas
que no saben de qué manera

dejarme sobrevivir a este dolor,
en cambio, pretenden que me duela
toda la puñetera vida.

A veces mamá era la que me decía
que no tenía que forzar la cura
de aquello que por su propio peso
caía y quemaba y ardía.

A veces mi instinto me recorre
por mis huecos, mis entradas
como si fuese solo un juguete
hasta dejar de sentirme mía.

Porque ya no siento pena,
me hundo en la humilde triza
de vidrio que me queda
y que al resbalar
me raja poco a poco el miedo
haciéndolo cada vez más grande.

En las estrellas deseo que habites
y dejes mis sábanas vacías.
Que tengas la capacidad
de no volvernos a imaginar
de la mano, en mi compañía.

Porque cuando quieras recordarme
yo hará tiempo que
me habré desvanecido
sobre mi corazón quemado
y hecho trizas.

Boceto inacabado

Creo que no tendría palabras
para lograr enterrar sobre el campo
las raíces secas
de todas las flores
que me regalaste.
Creo que no tendría el valor
para entender el porqué de mis manías
tan tacañas atacando
sobre mis pensamientos
incoherentes.
Creo que no podría terminar
de equilibrar las tonalidades
sobre el lienzo
que no hace más que gritarme
que le deje secar
al aire.
Creo que ni la noche
se sentiría dueña
de mi cielo
si justo cuando alzo la mirada
veo las estrellas
pero sin deslumbrarme.

Que no, que ahora ya no creo
que estés dispuesto a recoger
cada uno de mis trazos
sobre el esqueje
de lazos inquietos
y futuros libros
que se mecen sobre mi mesa
mientras nos miran
fijamente.
Tantas piezas del puzle
desperdigadas por el salón
y yo queriendo encontrarte
entre bocetos aparentes.
La vida, querido, se nos resiente.

ACTO TERCERO:
SEREMOS

Entre silencios y mis voces internas

Tú que tanto me conoces
que tantas veces me has descrito
que tantas veces me has pintado
sobre el lienzo en blanco
dime por qué siento que no existo
queriendo encontrar algún motivo
que exija quedarme aquí contigo
sin la necesidad de hacerte sufrir
por algo que llevo a cuestas conmigo
algo que no te pertenece
y con lo que no vas a cargar
porque quiero que solo sea mío.
Que ahora yo solo desisto
entre las ganas de salir al mundo
o encerrarme por completo
sin aparente motivo
y sin embargo, con tanta fuerza.
Que no, que ya no quiero que me veas
pelear frente a frente con mis pensamientos
mis inseguridades y mi destino.
Ojalá eso de salir fuera tan fácil
ojalá pudiese decirte mirándote a los ojos

que de aquí a un tiempo indefinido
todo volverá a estar como antes
y yo volveré a aferrarme a la realidad
sin la necesidad de huir
cada vez que mis voces internas me gritan
y me dicen que por qué narices existo.
Yo, que no quiero que levantes mi cuerpo
y veas lo mucho que me pesan
mis sentimientos entristecidos.
Yo, que lo único que quiero es quererte
dime por qué aún amándote
yo no puedo hacer lo mismo conmigo.

Pragmática del antagonismo

Llevo a cuestas
los besos que la luna
despojó sobre el sol
que con dulzura
recibió el cálido cráter
sobre su superficie
como aquel que no cicatriza
por estar a rebosar
de manos
que le curen una y otra vez
la herida.

Me perdí en las dunas
de un uniforme rojizo
y aprendí a sentir
la llama de la noche
sobre mis inmensas costuras.
Esas que ya no sé
si me visten de frío
o de tonalidades
muy viejas
cual hoja que cae

a un suelo sin fin
o a una cama
de caricias ajenas.

Ahora me siento pequeña
cuando otras manos tocan
y me inyectan en vena
sus ásperas trizas
de dolor y tristeza
porque yo siempre quise escribir
sin pedir que me quisieras
pero así como cuando el sol brilla
la luna llena se esconde
tras las largas telas
de un escenario
en el que se pelean por brillar
las centellas cálidas
y las frías estrellas
no puedo permitir
que esta vez
me recojas del fondo
y me abraces
con pinchos en tus suelas.

Cómo te explico
que hace tiempo me siento migrante

en tu casa
como si mis pisadas
hubiesen perdido la identidad
que las hacía ser "nuestras".
Desde cuándo mi cielo
ha dejado atrás tus estrellas,
desde cuándo en el espejo
ya no se reflejan
las marcas de tus besos
en mis mejillas llenas de pecas,
desde cuándo
el sinónimo recurrente del miedo
es el que prima
en las páginas de mi libreta,
desde cuándo me despediste
para convertirte en sol
y quemarme las venas,
destruirme la sangre
y acobardar mi mirada
frente a tus problemas.

Por qué decidiste
no luchar cual soldado
en la guerra,
dejándome morir
en una tierra que no era mía

sino de algunos de mis peores enemigos:
un silencio sin voz
un rayo de luz que no deja estela
tus ojos rogándole a la insensatez
que te acurrucase a su vera
el último portazo
al salir por la puerta.

Nunca comprenderé
por qué decidimos ser contrarios
en un mundo que nos crió
de igual manera.
Nunca, nunca comprenderé
por qué tus noches
hicieron dormir todo
lo que mis lucecillas
hicieron que floreciera.

Dónde se aprende a querer

Dónde se aprende a querer
en un mundo plagado de heridas
de rotos en las esquinas
de escaleras a trozos
de espejos llenos de tiritas.

Dónde se aprende a querer
después de haber querido tanto
y que te hayan dejado sin nada
sin un porqué, sin parte de tu vida
de tu pasado, de tu cotidianidad, de tu día a día.
Dime, querido, dónde se aprende a querer de nuevo
entre flores que marchitan
entre la lluvia que moja mi alma
y que me saca las lágrimas
para destrozarlas y después
volver a revivirlas.

Dónde se aprende a querer
con el miedo a que no te cuiden
con la incertidumbre de saber

si estarán dispuestos a darte
lo poco que pides, que necesitas.

Dónde se aprende a querer
cuando a pesar de saber que lo tienes todo
hay algo en tu interior que te grita
que no quiere abrir las puertas del corazón
que prefiere que la soledad te abrace
"mejor sola que mal acompañada
mis dulce niña"
Pero es que yo quiero quererte
quiero que me digas que me necesitas
que vengas sin previo aviso
y que me desnudes de las heridas
que me recorren el cuerpo
y las intercambies por besos que me revivan
que me hagan creer de nuevo en el amor
que me demuestren que esta vez tú te quedas
y no tengo que volver a presenciar otra despedida.

Así que dime, dime mirándome a los ojos
qué es lo que quieres, qué es lo que necesitas.
No me dejes con las ganas o las manos vacías
y dejémonos caer hacia el abismo de nuevo
del cielo en llamas, del suelo en cenizas
volando conmigo aunque nuestras alas estén un poco

abatidas.

Sólo aprenderé de nuevo a querer
si me lo pides con caricias en la piel
y consigo darle respuesta a mis versos
con tus sonrisas.

Volver a recordar

Yo sólo quiero que cuando seamos mayores
la memoria no me falle
y te recuerde siempre
como todos los primeros días del mes.
Como cuando nos paseábamos
por las calles recónditas de Madrid
recorriendo los parques
y dejando paso al olor transparente
de la hierba húmeda pisada
sintiendo el viento golpeando con fiereza
tu piel morena y mis trazos de piel.

Quiero que en el cuadro semántico
de mi subconsciente
os quedéis tatuados tú y tu voz
para que nunca me olvide de ella
o de cómo sonaban tus "te quiero"
al otro lado de la pared.
Quiero que me regales tu firma
y que me la plastifiques
sobre la libreta que compré,
porque lleva tu nombre

y lo llevará
hasta que muera mojada
o hecha pedazos
o se quemen sus hojas de papel.
Porque el tiempo no corre, vuela
y la edad me enternecerá las arrugas
y mis ojos abrazarán las ojeras
de aquí a pocos años
y pretendo que
incluso cuando llegue a mi vejez
nunca nos dejemos de querer.
Que no me digan ahora
lo que tendríamos que vivir
o dejar de hacer.
Que nos dejen seguir guardando momentos
en el cajón de los recuerdos
por si cuando se nos olvide que están ahí
podamos acudir a él
y abrirlo de nuevo
y ver que lo que vivimos siendo jóvenes
no se puede perder
porque los años pasan,
la vida nos desgasta
y el tiempo nos consume
pero nada de eso podrá impedirnos
vivirlo todo

mucho más intensamente
un poquito menos que el mañana
y un poquito más que el ayer.
Porque en realidad
creo que me moriría aquí mismo
si me borrasen de la memoria
tu aroma
el sabor de tu boca
o el color de tu piel.
Así que quédate conmigo,
no me dejes olvidar
no me dejes de enseñar
que nunca es demasiado tarde
para aprender a caer
a crecer
a sentir
a conocer
a vivir
a ser.

Ser arte en manos del artista

Estuve moldeando mi escultura
viendo cómo la arcilla se derretía
en manos de los arcos de luz
que surcaban directamente
al pasar por la ventana.
Intentando que no se derramase
lo poquito que tenía hecho
tocaba con suavidad
los pedacitos húmedos
intentando poco a poco juntarlos
para que no se cayesen
sobre mis manos de nuevo.
Empecé por el cuerpo
grande y corpulento
con unas curvas definidas
y una musculatura impoluta.
Continué por las articulaciones
las manos con las venas agravadas,
las muñecas redonditas
y los pies con unos dedos perfectos.
Acabé con los rasgos faciales
y recordé tus ojos avellanados

tus labios suaves y dulces
tus mofletes blandos
un cuello similar a un lienzo
donde posar cada uno de mis besos
y una mirada profunda.

Apenas la miré de frente
las lágrimas comenzaron a brotar
y mis manos temblando
a consecuencia de los nervios
y de la sensación de ser el punto de mira
me recordaron que nunca
podría determinar la cantidad de belleza
que irradiabas.
Así que seguí,
y esta vez me centré en lo interior
en la descripción perfecta
de un alma transparente y pura.
No me quedó más remedio
que vestirme con las prendas
de la valentía
y definir a mi manera
todo lo que había aprendido junto a ti
todo este tiempo.
Un par de palabras tatuadas sobre el brazo
y un corazón arreglado colgando

sobre las barras inestables
de la madera recuperada
que recogí en el baúl
de tus miedos.
Tanta oscuridad, tanta incertidumbre
fue de lo poco que pude observar
cuando pasé por tu mente
y me transporté a tu hogar
que te había acompañado
desde que tuviste uso de razón.
Destrozada por dentro
de ver tanta tristeza y tanta pena por dentro
decidí adentrarme hacia una sala
que tenía la puerta cerrada
y cuando entré
sentí que se me quebraba el cuerpo
y que no podía moverme.
Aún así,
me resistí a la idea de pensar
que no podría
porque tenía que hacerlo
por y para ti.
A lo lejos, una pequeña luz
y allí te vi, a ti, pequeño ser
como nunca antes
intentando luchar para salir

de un mundo no correspondido
de unas manos que no te supieron valorar
de una vida no merecida
así que corrí todo lo rápido que pude
y cuando te toqué
te desvaneciste cual polvo
esparciéndote por toda la habitación.
En ese momento supe,
que te había liberado
que nos había liberado.

Alejé mis manos amoratadas
del cuerpo de arcilla
y lo cogí con fuerza
abrazándome fuertemente a él.
Esta vez sentí
que mi obra de arte no se destrozaría
ni por los rayos de luz
ni por la oscuridad
ni por el no ser capaz
ni por el mero hecho de existir
precisamente porque yo estaba allí.
Con los ojos convertidos en mares
los latidos desbordados
y la piel desgastada
te dediqué tu obra acabada

para poder decirte
que siempre serás una obra de arte
en las manos de esta artista
por mucho que cueste representarte
que me cueste llegar a comprenderte
o llegar a cuidarte.
Por mucho que pases,
que te desgasten
o que me digas que no eres capaz
siempre estaré ahí para ti.
Porque ya lo hiciste tú por mí en su día
y yo quiero darte de vuelta
todo lo que me has regalado
todos los motivos que me has dado
para no dejar de existir
porque contigo me faltan los motivos
para encontrarle sentido a todo esto
y aprender de nuevo a vivir.
Porque en el fondo,
no somos más que el artista y su obra
fusionados con su propio elixir.

Somos, seremos, hemos sido

Somos viento, somos llama,
somos eco en el abismo,
o la raíz que grita,
por el dolor que le causa
la flor que brota y se esconde.
Seremos sombra que camina,
seremos la sal de la luna
o los ecos del futuro,
que aún no han nacido en el presente
y que esperan ser escritos.
Y en esa promesa, de eternidad callada,
seremos lo que aún no sabemos ser.

Hemos sido cantos silenciados,
huellas en la arena que el mar borró,
hemos sido llanto y risa,
somos memoria en los labios del tiempo.
Hemos sido lucha, hemos sido descanso,
hemos sido lo que somos, y mucho más.

Somos, seremos, hemos sido,
y todo es uno en el ciclo sin fin,

la verdad que nos habita,
el olvido que nos hace existir.

Porque recuerda, pequeño
que cuando el silencio revive y la estrella arde,
dejaremos plasmado
sobre los versos lo que creamos
del inexistente eco que calla
al final de todo lo que nuestra vida supo ser.

Huecos en mis heridas

Que el mundo se siente vacío
porque te tiene como respuesta
en un sincero perdón
o en la vida misma cuando se revela.

Las heridas de mi piel
cicatrizan con las vendas
que las llevo puestas encima
por si acaso algún día
decide desbordarse la sangre
o deciden no cicatrizar
todas y cada una
de tus huellas impresas.

Que no, que no siento
que me quieras
y aún así, me quedo
por si los huecos en mi piel
deciden llenarse
con tus recuerdos
y echan la cremallera
sobre la aspereza de mis poros

y la suavidad
de mi tristeza.

Aunque me vaya
o te vayas tú por ahí fuera
aunque las despedidas
lleven la palabra "siempre"
tatuada en las suelas
y el perdón que nos debimos
ni siquiera pudo extinguir
el daño que recibimos
por estar más lejos
o por rociar nuestra realidad
de ilusas promesas.
Sólo prométeme
que no tendré que sufrir de nuevo
tu regreso en mi salón,
tu mirada a través del espejo,
tus manos a través de mis sábanas,
tu sensación a través de mi presencia.
Porque me duele más
dejar el corazón abierto
a que me rompan las heridas
de aquellos vacíos existentes
por las raíces del cuerpo
esperando a ser cerrados de nuevo

cuando el tiempo nos extinga
sobre el cuadro de la existencia.
Prométeme
que esta vez te irás
y no me volverás a dejar
un mensaje de retorno
encima de la mesa.

Entre el desorden y el caos

Tranquilo, porque ahora
ya no le culpo al viento
de haber sido el causante
de todo este desorden
si fui yo la primera
que dejé abierta nuestra ventana
aquella por la que la noche
nos susurró al oído
aquella
por la que el aire entró
cuando mi pecho no respiraba
y cuando de lo largo que era el beso
tu boca en mi boca
y tus manos en mi cuello
no se separaban.
Tranquilo, mi niño
que ahora el frío que entra no me duele
y el calor de la luz
me arropa
cual llama incandescente
entregando su antorcha
a las nubes rosas

y la luna estrellada.
Tranquilo, corazón
porque entre el caos de sentirte
y las ganas de olvidarte
el desorden hace tiempo
consiguió llevarse mi calma
y ahora,
ahora sólo sé que no me quedan
más que unas pocas lágrimas
al borde de la ventana.
La cierro y ya,
ya no siento, ni veo,
ni amo a nadie,
 ni a nada.

Última despedida

Cómo pretendo estar atada a la herida
que me hizo tu corazón
cuando decidió quedarse
y regar aquellos pétalos
que hace par de años
debieron de quedar marchitos.

Cómo vuelvo yo a encontrar
el aliento del mar en mi garganta
si ahogada ahora vivo
entre la paz y la guerra
que me obliga a escribir
como si las hojas húmedas
fuesen mi seguro cobijo.

Que me borren las palabras
que pudieron definir
todo aquello que te debía
y que en el fondo sé
que siempre te acabaré debiendo.
Por dónde sangran las ramas

de los árboles en invierno
si no es en mi imaginación
y entre copas de vino tinto.

Que ahora ya lo poco que me queda
es seguir llorando y tiritando
frente al incierto futuro
que me acobarda
y me quita las pocas fuerzas
que me quedan
para seguir luchando.

Pero dime ahora, quién espera
en un portal a las puertas del frío
y una ventana cerrada
en la que se hunden
cada uno de los gritos
que brotan por inercia
de mi cuerpo desgastado
de mis ojos pequeñitos
y que aún
a pesar de querer ver
siguen tus huellas
en la lejanía
contigo.

Enséñame vida a quedarme
cuando ni siquiera yo sé
cómo me he ido.

Esta edición de
"A TODOS LOS POEMAS
QUE ALGÚN DÍA TE DEDIQUÉ",

de NURIA TIMÓN,

se terminó de imprimir en Sevilla,
en julio del año MMXXV

Ondina Ediciones